www.tredition.de

für meine geliebte Gabi

René Antoine Fayette

Adinyphe

Texte und Gedichte einer Hexe

www.tredition.de

Verlag: tredition GmbH, Hamburg
ISBN:
978-3-8495-9981-2 (Paperback)
978-3-8495-9982-9 (Hardcover)
978-3-8495-9983-6 (e-Book)
Printed in Germany

Bibliografische Information der Deutschen Nationalbibliothek:
Die Deutsche Nationalbibliothek verzeichnet diese Publikation in der Deutschen Nationalbibliografie; detaillierte bibliografische Da-ten sind im Internet über http://dnb.d-nb.de abrufbar.

www.tredition.de

Inhaltsverzeichnis

Vorwort

Die Hexenverfolgung ist keine vorübergehende Erscheinung des europäischen Mittelalters, sondern eine weltweit andauernde Verfolgung der freien Frau, zwar weniger in den demokratisch-säkularisierten Staatsformen, dafür aber mehr in den "failed states" der östlichen Diktaturen, amerikanischen Kleptokratien, afrikanischen Clan-Patriarchaten, asiatischen Männerklöster-Staaten oder arabischen Kopfabschneider-Kalifaten.

Die Verfolgung und Bedrohung der Frau beginnt bereits überall dort, wo Frauen nicht erben dürfen, kein Eigentum haben dürfen, keine Ausbildung erhalten dürfen, sich nicht scheiden lassen dürfen, nicht abtreiben dürfen, nicht verhüten dürfen, nicht alleine vor die Haustür gehen dürfen oder in manchen Gebieten nicht einmal ein Auto steuern dürfen.

Die damaligen Rechte der Frauen aus dem antiken Altägypten mussten sich die europäischen Frauen erst mühselig im letzten Jahrhundert erkämpfen.

Auch heute noch werden Frauen und Männer als Hexen von der Religionspolizei verhaftet, von Gerichten verurteilt und ermordet, vom aufgebrachten Mob gelyncht, gesteinigt, enthauptet, zu Tode gepeitscht und mancherorts auch noch verbrannt. Seit 1945 sind vermutlich mehr Menschen wegen Hexerei umgebracht worden als während der gesamten europäischen Verfolgungsperiode des Mittelalters. Es gibt dokumentierte Fälle aus Afrika, Indonesien, Indien, Osttimor, Saudi-Arabien, diversen lateinamerikanischen Staaten usw.

Aus dieser Erkenntnis heraus reifte in mir zuerst hilflose Wut, dann kam ernüchternde Schreiblust, verbunden mit Fantasie und eigenen Erfahrungen der Hexen-Mystik. Meine Texte und Gedichte möchten die Befreiung der Frauen unterstützen und zum Widerstand als Hexe inspirieren. Nachfolgende Texte und Gedichte liegen fern der Alltagserfahrung und des gewohnten Religionsverständnisses, da sie sich aus einer persönlichen und subjektiven Sicht als Hexe des Wicca entwickelt haben.

Wicca ist die führende Glaubensrichtung des Neuheidentums, die sich seit Anfang des 20. Jahrhunderts insbesondere im englischsprachigen Raum entwickelt hat. Wicca wird als die Religion der Hexen bezeichnet, die meisten Anhängerinnen und Anhänger bezeichnen sich auch selber als Hexen. Männer bezeichnen sich aber nicht als Hexer, sondern einfach auch als Hexe, als männliche Hexe eben.

Da im Wicca eine Göttin und ein Gott als gleichberechtigte Vertreterin bzw. Vertreter einer singulären Göttlichkeit verehrt werden, ist diese Religion weder feministisch noch patriarchalisch. Im Gegensatz zu anderen Religionen gibt es im Wicca weder ein Oberhaupt noch ein Lehrbuch noch ein zentrales Gebäude noch Lehrmeister.

Magischen Fähigkeiten wurden und werden von der Gesellschaft je nach Zeit und Kultur kaum gefördert und meistens sogar unterdrückt. Sogar schon im antiken römischen Reich wurden manche Kulte und Riten verboten und verfolgt. Deshalb gibt es im Wicca auch keine Werbung und keine Bekehrung, denn magische Fähigkeiten sind auch in der heutigen aufgeklärten Zeit suspekt und werden misstrauisch beobachtet, verfolgt und im Kino und in Fernsehserien eher ins Lächerliche gezogen. In vielen Ländern ist auch die Trennung zwischen Staat und Religion noch nicht vollzogen, Hexen werden dort als Staats- oder Religionsfeinde angeklagt, eingesperrt und manchmal sogar hingerichtet.

Manche Religionen dienten oder dienen der Aufrechterhaltung der natürlichen und öffentlichen Ordnung als Stammes- oder Volksreligion, manche Religionen sind Opferreligionen, Erlösungsreligionen oder Bekenntnisreligionen. Im Wicca aber gibt es keine Erlösung, keine Opfer und auch kein schriftliches Bekenntnis. Im Wicca gibt es auch keinen Eintritt in die Gemeinschaft der Gläubigen, sondern nur die Einweihung in die Priesterschaft der Mysterien, denn jede wird dann selbst Priesterin und jeder wird dann selbst Priester, dazu befähigt, selbst Rituale und spirituelle Übungen durchzuführen. Es gibt nur eine Hierarchie-Ebene, den Coven. Das ist eine örtliche Gemeinschaft von maximal dreizehn Hexen, geleitet von einer Hohepriesterin. Deshalb ist Wicca auch so andersartig im Vergleich zu den bereits im Schulunterricht vermittelten offiziellen Weltreligionen.

Wicca ist ein spiritueller Pfad, eine spirituelle Aus- und Weiterbildung und hat eher eine Ähnlichkeit mit den verschiedenen Schulen der Psychotherapie. Neben der religiösen Verehrung von Göttin und Gott ist Wicca ein spirituelles System zur Entwicklung und zum Gebrauch psychischer und magischer Kräfte, aufbauend auf alte Fruchtbarkeitskulte, okkulte Traditionen und heidnische Mysterien.

Anders als in manch anderen Religionen gibt es auch keinen Alleinvertretungsanspruch im Wicca, denn alle religiösen und spirituellen Systeme haben ihre Existenzberechtigung auf der Suche nach den letzten religiösen Wahrheiten. Auch gibt es keine Vorrechte oder Beschränkungen für den einzelnen Menschen im Wicca, denn jede und jeder kann diesen Pfad einschlagen, unabhängig von Hautfarbe, Geschlecht, sozialer Herkunft, Alter oder sexueller Identität.

Wicca ist eine Religion, die mehr das Gute im Menschen sieht und sich nicht mit den menschlichen Fehlern aufhält. Die grundlegenden Ideale sind Liebe, Freude, Wahrheit und Treue. Es gibt im Wicca keine Regeln und keine Gesetze.

Die Menschheit und ihre unterschiedlichen Gesellschaften entwickeln sich ständig weiter, Religionen aber haben immer die Bestrebung, in die erstarrten Dogmen ihrer Offenbarungen zu verfallen, die zumeist von einer Einzelperson schriftlich fixiert wurden und trotz ständig neuer Auslegungen und Interpretationen immer dem Zeitgeist hinterher hinken, wenn nicht sogar unwiederbringlich zurückbleiben. Neue Bedürfnisse und Umstände werden dann nicht mehr wahr genommen, irgend wann sind dann die religiösen Rituale, Inhalte und die tägliche Praxis hohl und leer.

Im Wicca aber gibt es keine Offenbarung, keine schriftlichen Glaubenssätze, keinen Dogmatismus und deshalb ist auch immer alles in Fluss. Das mag für manche erschreckend wirken, aber der moderne Mensch erwartet keine strikten Handlungsanweisungen mehr, wie sie oder er zu leben hat, wem und wie sie oder er zu gehorchen hat und was sie oder er am Freitag, Samstag oder Sonntag in speziellen Gebäuden zu denken, zu sprechen, zu singen oder zu glauben hat.

In heutigen Zeiten mit Internet, Wikileaks, WhatsApp, Snowden, Google, NSA, Facebook und vielen anderen neuen Kommunikationstechniken und -problemen steht Wicca als alternative Religion da, die sagt: *ich glaube nicht, sondern ich weiß.*

Die Einweihung in die Priesterschaft der Mysterien ruft einen rebellierenden Verstand hervor, der erst einmal sanft, aber beflissentlich überwunden werden muss, denn unsere heutigen Erziehungen und Ausbildungen, egal in welchen Berufen und sozialen Stellungen, sind sehr darauf bedacht, uns ein von Vernunft geleitetes Weltbild zu vermitteln. Bei der Einweihung muss sich deshalb eine Symbiose zwischen Verstand und Bauchgefühl, zwischen Vernunft und Mystik entwickeln. Der Verstand muss verstehen lernen, dass es neben ihm auch noch etwas Anderes gleichberechtigt existiert, funktioniert und wirkt, aber eben nicht verstandesmäßig beschrieben, erklärt und kontrolliert werden kann.

Wir Menschen haben ein unglaubliches Potential in uns, wir sind befähigt und auch hemmungslos bereit für planetare Veränderungen, um unsere Zukunft in einer Umwelt zu sichern, die als Sonnensystem hochgefährlich durch die Galaxis driftet. Wir werden in Zukunft andere Planeten kultivieren, mit Gentechnik, mit Biophysik, mit heute noch unbekannten Prozeduren und Techniken. Wir werden andere Sonnensysteme besiedeln, nicht nur aus Neugier und Wagemut, sondern auch um unsere Überlebenschance statistisch zu erhöhen, denn ein einzelnes besiedeltes Sonnensystem ist grundsätzlich viel zu gefährlich angesichts der interstellaren Gefahren wie Schwarze Löcher, Supernovae, Asteroiden, Kometen, Meteoriten und interstellare Mega-Strahlungsausbrüche, die in Sekunden das Leben ganzer Planeten auslöschen könnten. Wir werden uns dabei aber auch selber weiter entwickeln müssen, denn diese Größenordnungen und der organisatorische Aufwand übersteigen momentan die Grenzen unseres Gemeinschaftsverhaltens.

Warum schließen sich Menschen also Wicca an, warum suchen sie Zugang zu okkulten spirituellen Systemen? Weil sie sich selbst erkennen und verstehen wollen. Wenn du dich selbst lieben gelernt hast, bist du bereit, dich an der Schöpfung aktiv zu beteiligen, mit Toleranz, Mitgefühl und Hilfsbereitschaft gegenüber allen Lebensformen, hier und im All.

Hexen streben nicht nach Herrschaft, sondern nach Schöpfung.

*Hexen arbeiten nicht mit übernatürlichen Kräften,
sondern mit der göttlichen Energie der Natur.*

*Magie ist die Kunst, das Bewusstsein willentlich zu verändern.
Hexen lernen, ihr Bewusstsein zu verändern,
so verändern sie auch die Wirklichkeit.*

Hexenaltar

**Wenn du entdeckst, dass diese Welt voller Magie ist,
dann verliebst du dich in diese Welt.**

Wer im Glaspalast sitzt, sollte nicht …

Hexe am Abgrund, niemand nahm sie ernst,
bis sie zur Waffe griff, sich und andere verletzte,
sie letztendlich dadurch ihre Hexenmagie verlor,
ihre Ideale der Hexenmystik verkamen zu Kommerz!

Ausgeschlachtet, ausgeblutet,
vermarktet und abgewickelt,
nur noch blutige Glassplitter
zeugen von einstiger Revolution und Aufruhr.

Das Gras ist nun darüber gewachsen,
die Ruinen sind entsorgt,
nur ein Hexenkleidfetzen im Gestrüpp
erinnert an ihre mächtige Faust.

Sie, die einst die gesamte Galaxis erschütterte,
sie, die tausende bewohnte Sonnensysteme erzittern ließ,
sie, die sich im Thronschiff als Galaktokratin verehren ließ,
sie, die Kulturen im Wert von Zentilliarden Andros
zu Sternenstaub verglühen ließ,
ihren wahren Namen kannte nur ich.

Ihre Gesetze, Bücher und Reden
wurden zu Asche und Rauch,
ihre Ideale wurden untergraben,
ihre Großreiche zerfleddert und ausgeplündert,
ihre Truppen verglühten in Raumschlachten
unvorstellbaren Ausmaßes,
als Milliarden Leben in ihrem Sold kämpften,
aber letztlich doch unterlagen.
Die ausgeglühten Wracks ihrer Raumflotten
driften nun ewig im Leerraum
zwischen den Sterneninseln,

Hexe Hyphniea war ihr Name,
Galaktokratin ihr Beruf.
Sie verwaltete die Galaxie Pentamaut.
Die Unsterbliche starb mit 2.014.251.268 Jahren
durch meine Hand
und mein ist nun ihr Reich,
ihre Kraft und ihre Herrlichkeit,
in Ewigkeit.
Amen

Hexe Adinyphe
die neue Verwalterin von Pentamaut

Das Universum besteht aus
68 % dunkler Energie, 27 % dunkler Materie
und 5 % Energie und Materie, die wir kennen.
Somit wissen wir vom Universum so gut wie fast nichts!

Adinyphe

Wieder ist ein Quamenium vergangen,
du hast gekämpft, oft gesiegt, auch verloren,
viele Schlachten geschlagen,
mit Waffen, Worten und dem Geiste,
in Zeit und Raum verwoben.

Unbezwungen ist dein Mut,
ungebändigt dein Streben nach Gerechtigkeit,
edel dein Blick, betörend deine unsterbliche Jugend.
Nur mit einem Lächeln wischt du hinweg
Zeit, Raum und Wahrheit,

auf der Suche nach dem Verborgenen
zwischen den Worten,
auf Welten zwischen den Kulturen der Zeiten,
zwischen dem räumlichen Nichts der Sterneninseln,
sehnsüchtig dürstend nach höherer Ordnung.

Wie einer Libelle oder einem Falter gleich
bist du sowohl hier als auch dort,
bist du sowohl oben als auch unten,
bist du gewesen und wirst sein
immer überall in allen Zeiten.

Leitend das Gebären, Leben und Sterben
ob Trilobiten, Lemurer oder von uns Saurier,
wirkt dein Weben auf die Finsternis des Alls
und lässt aufleuchten die Erkenntnis des Seins
in auserwählten Wesen zu wichtigen Zeiten.

Bist die Galaktokratin Adinyphe,
geschickte Verwalterin des Lebens,
besorgte Hüterin der Sterneninsel
im Auftrag der unsterblichen Mutter des Seins,
gleich einer Tochter der Göttin Sirona.

übersetzt aus einer traversanischen Steininschrift
auf der Rückseite einer versteinerten Figur,
die eine Saueriermutter mit Kind im Arm darstellt
ca. 65 Mio. Jahre alt

Göttin Lilith

Ich war allein in der Nacht und ich verspürte Hunger.
Ich war allein in der Nacht und mir ward kalt.
Ich war allein in der Nacht und ich weinte.

Eine Frau, anmutig duftend nach Moos und Kräutern,
geschmeidig wie eine Schlange, mit leuchtenden Augen,
die die Dunkelheit durchdrangen, näherte sich mir.

Dann sprach sie mit einer süßen Honigstimme,
lächelnd, mit unheimlichen Augen: "Gilgamesch!
Du hungerst. Komm! Ich habe Nahrung.
Du fröstelst. Komm! Ich habe Kleider.
Du trauerst. Komm! Ich habe Trost."

Ich entgegnete:
"Wer würde einen nähren, unfähig zum Töten?
Wer würde einen kleiden, unfähig zum Zeugen?
Wer würde einen trösten, unfähig zum Sterben?"

Sie aber rief:
"Gott Luzifer zeugte mich im Schlaf.
Göttin Diana gebar mich im Dunkeln.
Ich bin sowohl droben als auch drunten.
Ich bin hier wie dort, bin links wie rechts.

Ich war gewesen und ich werde sein.
Ich erzeuge Licht in der Finsternis
und erschaffe Dunkelheit im Firmament.
Ich bin Lilith!"

Sie nahm mich auf und führte mich fort.
Sie nährte mich.
Sie kleidete mich.
In ihren Armen fand ich Trost.
Ich weinte, bis Blut aus meinen Augen rann
und sie küsste es fort.

Und ich wohnte eine Zeit lang im Hause Liliths
und eines Tages fragte ich sie:
"Wie hast du Nahrung wachsen lassen?
Wie hast du Kleidung gemacht?
Wie hast du tröstende Worte gefunden?"

Und Lilith lächelte und sprach:
"Im Gegensatz zu dir bin ich erwacht.
Ich sehe die Fäden, die rings um uns gesponnen sind.
Ich mache, was ich brauche, aus Magie!"

"Dann erwecke mich, Lilith", sprach ich.
"Ich brauch diese Magie.
Dann mache ich Nahrung, Kleider, Trost im eigenen Reich."

Sorgenvoll runzelte sie die Stirn:
"Ich weiß nicht, was das Erwachen mit dir tun wird,
denn du bist ein Halbgott.
Du könntest auf ewig verändert sein oder du könntest sterben."

Ich sprach: "Und dennoch,
ein Leben ohne Magie wird nicht lebenswert sein.
Ich sterbe auch ohne deine Gaben,
ich will nicht als dein Knecht leben."

Lilith liebte mich und ich wusste es.
Sie würde tun, worum ich sie bat
und so erweckte mich Lilith,
die Göttin Lilith mit leuchtenden Augen.

Sie schnitt sich mit einem Messer,
blutete für mich in eine Schale.
Ich trank in tiefen Zügen.
Ihr Blut schmeckte süß.

Und fortan tötete ich Tiere,
um nicht zu verhungern.

Und fortan zeugte ich Nachkommen,
um im Alter nicht zu erfrieren.

Und irgendwann starb ich,
um nicht weiter zu weinen.

Verdammt, verflucht und verraten
als Halbgott unter diesen Menschen.

Göttin Lilith ist schwer zufassen, weder wissenschaftlich noch
religionsgeschichtlich. Vermutlich ist sie ein Überbleibsel der
verschwundenen Göttin Aschera, die Göttin an der Seite von JHWH, Elohim bzw.
Adonai, dem Gott aus dem alten Testament
der Juden, Christen und Moslems.

Göttin Andraste

Wird Blut zu Fleisch,
wird Gesang zu Gekreisch,
wirst du nicht länger mit ihm
durch das Liebesleben ziehen.

Bist fast vor Liebe zersprungen,
warst von ihr durchdrungen,
Sinne verbogen von Freude Schatten,
die Welt durchrannt, der matten.

Ein Klingeln oder Klatschen
und du ranntest einer Hündin gleich,
ein Ohrfeigen platschen
und du wurdest wie Butter so weich.

Ohne Zweifel, ohne Trug,
du warst der Sklavin gleich.
Du bekamst nie genug,
er aber war hart und reich.

Nichts was dir wichtig war, ist gelungen,
aber was ihm wichtig war, um so mehr.
Er hat Spottlieder auf dich gesungen,
ihm gelang alles, aber du bist jetzt arm und leer.

Suchst nun zwischen Eichen und Tann
nach einer neuen Liebe Bann.
Hast nur moosige Felsen gefunden.
Dich vor Scham und Trauer gewunden.

Nun hockst du im Schlamm.
Weißt nicht wo und wann.
Haare nass vom Blut.
Leid tut Seele gut?

Bist nun fast blind und taub.
Hast nur ein Bett aus Laub.
Hungrig, müde, verdreckt, zerfressen,
der Magen leer, im Hirn Vergessen.

Nichts mehr da, was dir gut tut,
nur der Dolch, der im Blut ruht.
Wie aufgebahrt auf moosigem Stein
wartest auf das ausblutende Sein.

Im fahlen Mondlicht, bei eisiger Kälte
erwacht der Stein aber plötzlich zum Kelte.
Du wirst umringt von Männern und Frauen,
die dich verbinden, deine Seele schauen.

Du hast dich nun angeschlossen den Hexen,
den Druiden, Schamanen und Fexen.
Wirst nie wieder sein allein.
Geborgen, behütet im Steinen-Hain.

Sei krank.
Sei stur.
Wasche deine Haut blank.
Genieße jede Zeit in der Flur!

Sei ungestüm und wild.
Verzaubere jedes Bild.
Sei pervers und verrückt.
Nur so wirst du entzückt!

Sei Terror und Frieden zugleich.
Sei weder Königin noch reich.
Sei wie Schnee, Blut, Ebenholz.
Sei du nun Hexe und stolz!

Sei tags romantisch, dynamisch, elegant.
Sei du selbst in einem anderen Gewand.
Sei nachts hart, magisch, dominant.
Sei du selbst in einem anderen jemand!

Wenn drei Waldrapp dich umkreisen,
falsch herum fünf Sterne reisen,
warte sieben Monde voll,
dann kommt aus der Tiefe Groll.

Dann wird Magma zu schwarzem Stein
und Wasser wird zu Hexenwein.
Dann werd` ich sein mit dir
und du wirst sein mit mir.

Zwölf Klänge müssen dann klingen.
Dreizehn Worte musst du singen.
Sechsunddreißig Taten tun.
Dann wird deine Seele ruhen.

Einmal musst um Gnade flehen.
Zweimal musst du Kampf bestehen.
Dreimal musst du eiskalt ringen.
Viermal Sternenstaub bezwingen.

Dann kannst dich vom Wald ernähren.
neues Leben dir gebären,
Liebe geben und empfangen,
Leid verbannen, Glück erlangen.

Fünfmal musst du dich verlieben.
Sechsmal musst du Wasser sieben.
Siebenmal musst du Brücken bauen.
Achtmal die Planeten schauen.

Dann kannst die Gunst der dreifaltigen Mutter empfangen
und kannst die neunfaltige Dimension-Macht erlangen.
Kannst richten nach eigenem Belang.
Dies ist erst einer Hexe Anfang!

Marcus Annaeus Lucanus (39 bis 65 n.Chr.):
Der Tod ist für die Kelten nur die Mitte eines langen Lebens.

Geheime Regeln einer Hohepriesterin

Du verrätst? Bleib lieber geheim!

          Sonst wirst im Netz du nur zu Leim!

Du bewirbst? Bleib lieber allein!

          Sonst wird dein Coven nur ein Schrein!

Du erstaunst? Aber doch nicht dich!

          Sonst quält deine Verachtung mich!

Du verletzt? Töte lieber dein ICH!

          Sonst wirkt die Magie nur für dich!

Die Hohepriesterin ist nicht die erste Hexe,
auch nicht die 'prima inter pares',
sondern die dreizehnte Hexe im Wicca-Coven.

Adiragaya, geboren im Hagalaz

Vollmond, es ist bald Mitternacht.

Klarer Himmel, mit kristallklaren Sternen.
Funkelnde Lichtquanten aus längst vergangenen Zeiten.

Mit knirschenden Schritten auf dem verschneiten Waldweg.
Hasen und Füchse, Rehe und Mäuse.
Ängstlich huschen sie davon, es knackt um uns herum.

Ansonsten frostige Stille, zeitlose Geräuschlosigkeit.
Zwischen Bäumen und Büschen Mondlicht.
Auch tief im Wald ist es noch hell genug.
Dampfend und hauchend erreichen wir das Ziel,

Seit über 3400 Jahren kommen wir dahin zurück,
wo sie uns einst fürstlich begraben hatten.
Im Hügelgrab.
Umgeben mit kostbarstem Geschirr, Schmuck und Gewändern,
aufgebahrt auf unsere Pferdewagen.

Ich alter Druide, im Kampf gefallen und meine ermordete Tochter.
Wir nannten uns Keltoi.
Inzwischen ist alles verrottet, geplündert, ausgebuddelt.
Aber unsere Seelen sind hier wie dort,
unbekümmert, unverändert, unsterblich,
zu Mitternacht bei Vollmond.

*Nachts bei Vollmond am Grab der Seherin
bist du nie allein, auch nicht im Winter.*

Mühltal, Leutstetten bei Starnberg

Giftmischerin am Vindeliker See

Einst weilte der römische Dichter Albius Tibullus
zu Besuch bei Romulus Antonius Flavius.
Dürstend schöpften sie Wasser aus dem Vindeliker See,
als plötzlich erschien eine junge Vindelikerin, anmutig lächelnd,
in der linken Hand einen Kelch, in der rechten einen Korb.
Reichte kichernd ihnen Wein und Brot,
umrundete sie dreimal mit magischen Worten,
dann verlor Delia Tuch und Rock.
Küsste ihre Wangen, liebkoste Albius, vereinigte sich.
Wie einer Göttin gleich nahm sie auch Romulus.
Ihre Augen sanft wie Lämmer, ihre Hände zart wie Katzen.
Da umfing beide Römer schleichende Dunkelheit.
Erst nachts erwachend bei Vollmond kam wieder Verstand
und Dichtung sogleich, oh Tibullus, voll des Giftes:

„Sulpicia nur, sagt man, besitzt Medeas giftige Kräuter,
Cyntia nur bändigt und nimmt Hekates Meute den Grimm.
Was immer Kirke besitzt und was Corinna an Giften,
was das Vindeliker Land irgend an Kräutern nur trägt,
was auch, wenn Delia Begier in den rasenden Herden hervorruft,
brünstigen Stuten an Schleim tröpfelt als Zauber vom Schoß.
Wenn diese Druidin mich mit freundlicher Miene nur anblickt,
mag sie an Kräutern auch sonst tausend noch mischen,
ich trink´s.“

frei übersetzt nach Albius Tibullus (55 bis 19 v. Chr.),
einer der drei Dichter der Augusteischen Liebeselegie

Zaubergürtel

aufgelöst, erloschen, verschwunden
nur Nebel ihren Kreis umrunden

verschluckt die Gesänge aus tiefstem Herzen
verstummt die Klänge, erloschen die Kerzen

den Raub ihres Gürtels soll ich nun büßen
denn weder ein Kniefall zu ihren Füßen

noch Kuss, noch Tränen, nichts ließ sie gelten
sie lehrt jetzt Schwäne in fernen Welten

schutzlos des magischen Gürtels beraubt
ist schwarze Magie ihr nicht mehr erlaubt

Schwan Kriemhild an der Isar

Beth

Soll ich es wagen? Will ich mich trauen?
Ist er das wirklich? Ist er das Grauen?
Im Kolosseum schreien sie wild,
schon fliegt der Speer aus meiner Hand.
Da reißt er hoch ein eisern´ Schild,
nichts löschen kann sein´ Weltenbrand.
Wollt ihn vertreiben von Cäsars Thron,
durchbohren die Brust, auslöschen die Brut.
Doch stürmen seine Wachen schon,
ich zieh´ meinen Dolch, verzweifelte Wut.
Tote Nacht.
Nichts gebracht.
Nichts vermocht und ausgelacht.

Soll ich es wagen? Wieder mich trauen?
Er schon wieder? Ist er wirklich das Grauen?
Aus seiner Kutsche stürmt er mit Hast,
versprüht seine Lust, seine Gier und Macht.
Durcheilt die Treppen im seinem Palast,
ich bin des Königs Mätresse diese Nacht.
Alles hab ich durchgedacht,
nichts hab ich vergessen.
Alles war mit Gift gemacht,
Doch nichts hat er gegessen.
Tote Nacht.
Nichts gebracht.
Nichts vermocht und ausgelacht.

Soll ich es wagen? Hab ich Vertrauen?
Kommt er gefahren? Wird es mir Grauen?
Der Maybach kommt, Hurra und Jubel,
er steht im Auto mit heilender Hand.
Verspricht uns Friede, Freude, Trubel,
bald zünden wird sein Weltenbrand.
Ich zieh die Waffe, ziele genau,
plötzlich umringt von Männern in Grau.
Abgeführt zum Leiter des Gau,
an die Wand gestellt, ab in den Bau.
Totentag.
Nichts mehr sag.
Unbekannt im KZ-Ofen verbrannt.

Nichts hab ich begriffen.
Nichts hab ich vermocht.
Nichts hab ich geschliffen,
Ich bin weder die Flamme, noch bin ich der Docht.
Ich bin nur das Licht der dreifaltigen Göttin
Wilbeth Ambeth Borbeth

KZ Dachau, Krematorium, Gedenken an vier SOE-Agentinnen

Wiedergeburt der Seelen

Aufschrei im Traum! Durch silberne Schluchten stürzt der Wind.
Das fahle Gelb der Mondin winkt durch brechendes Geäst.
Es funkeln rings die Sterne spiegelnd im Nachttau.
Schwarzgrün gluckert der Fluss.

Silbern die Schneereste am Hang
und der ferne Lichtschimmer der Stadt.
Sanftes Dahingleiten im farnigen Moos
und die dunklen Rufe der Eule an fernen Gleisen.

Schon lichtet sich der schwarze Flor.
Feierlich rauschen kleine Sturzbäche.
Das scheue Reh in feuchten Wiesen im Nebel entschwindend,
durchrührt im Gezweig die kristallene Kälte.

Schaukelnder Kahn am Anlegesteg,
leise tönt das Wispern im blühenden Haselgebüsch am Ufer,
in unergründlicher Stille
stechen schattige Arme der Weiden in See.

Freiheit! Freiheit!
Wo sind die furchtbaren Hügel des schweigenden Todes,
der Megalithen entschwundener Macht der Schatten?
Nur grünweißes Gefunkel in kristallkalten Wellen.

Weiße Fäden verwildernder Eichen, silbern das Spinnennetz.
Gurgelnd umfließen die Wasser Wurzeln und Äste.
Hexenschwester, hast mich gefunden zu Mitternacht
an einsamer Lichtung des Waldsees.

Gewaltige Mächte und sengende Flammen im Herzen.
Stunden in umarmter Zuneigung und trauernder Tränen,
schweigender Anblick der Mondin im Hauch.
Es sind unsere Seelen, verschlungen wie Eiben, alt und giftig.

Kühlendes Schweigen, glühende Wangen,
liebkosende Lippen durchwühlen die Seele der Anderen.
Leise tönen die Stimmen der Wasser,
knackende Äste stürzen im Wind,
und es grünt dunkler die Wildnis
vor der Spiegelmondin im Mondsee.

Sanfter Gesang leise erklingt im Hügel des Todes,
Irrlichter fackeln, Risse in Raum, Zeit und Gedächtnis.
Die Seele aufgebrochen, verflüssigt, auslaufend, verdampfend,
warten wir am Ufer auf die Wiedergeburt
unserer ermordeten Hexenschwestern.
Sie kommen immer wieder, sind unter uns und in uns,
für Freiheit, Gerechtigkeit und Solidarität.

Herrenchiemsee

ich du er sie es

ich war ahnungslos verliebt
ich hab dem Manfred vertraut
ich war es, die alles gibt
ich hab ihm alles geglaubt

du hast mich nur nie geliebt
du hast mir nur nie vertraut
du hast die Seele zersiebt
du hast mein Leben versaut

er sagte: „Ich bin Baader"
er sagte, ich sei dabei
sie sagte nichts, die Gudrun
es war mir nur einerlei

wir liebten uns bei Vollmond
wir klauten Autos bei Nacht
wir raubten, hat sich gelohnt
wir störten die Bankenmacht

ihr seid pure Staatsgewalt
ihr Bullen des Kapitals
ihr habt mich nun abgeknallt
ihr Hüter des bösen Grals

sie konnten nichts mehr stoppen
sie konnten nichts erreichen
sie konnten euch nur foppen
sie gingen über Leichen

ich ging voraus als erste
du kamst später nach
er schoss sich
sie hängte
es war
wir
ihr
sie
All

Petra Schelm, Friseuse, 20 Jahre alt, RAF-Mitglied, starb am 15. Juli 1971 bei einer Schießerei mit der Hamburger Polizei. Sie war die erste Tote im Zusammenhang mit Aktionen der RAF.

Sahra W.

Es interessiert mich nicht, womit du deinen Geld verdienst.
Ich will wissen, wonach du innerlich schreist
und ob du zu träumen wagst,
das Unausgesprochene, das Unerhörte, das Unerlaubte.

Es interessiert mich nicht, wie alt du bist.
Ich will wissen, ob du es riskierst, inhaftiert zu werden,
um deiner Liebe willen, um deiner Träume willen
und für das Abenteuer des Lebendigseins.

Es interessiert mich nicht, was du gelernt hast.
Ich will wissen, was dich innen hält, falls sie dir alles nehmen,
ob du allein sein kannst mit dir
und ob du gerne mit dir selbst zusammen bist.

Es interessiert mich nicht, wie die Planeten stehen.
Ich will wissen, ob du den tiefsten Punkt von Leiden berührt hast,
ob du gebrochen bist durch Elend oder Demütigung
oder ob du verschlossen bist aus Angst vor weiterer Qual.

Es interessiert mich nicht, wie viele Ersparnisse du hast.
Ich will wissen, ob du aufstehen kannst nach einer Flucht,
ob du in Verzweiflung deine Schusswunde verbindest
und trotzdem tust, was für deine Kinder getan werden muss.

Es interessiert mich nicht, was für Operationen du hinter dir hast.
Ich will wissen, ob du mit dem Schmerz - meinem oder deinem -
da sitzen kannst, einfach da sitzen kannst,
ohne zu versuchen, ihn zu verbergen oder zu mindern.

Es interessiert mich nicht, wie viele Ehen dir zerbrochen sind.
Ich will wissen, ob du mit der Freude - meiner oder deiner -
da sein kannst, einfach da sein kannst,
ohne zu mahnen, die Grenzen des Menschseins zu bedenken.

Es interessiert mich nicht, ob deine Geschichte wahr ist.
Ich will wissen, ob du mich enttäuschen kannst,
um nicht deine eigene Seele zu verraten
und du daher vertrauensvoll und vertrauenswürdig bist.

Es interessiert mich nicht, woher du die Waffe hast.
Ich will wissen, ob du mit Wildheit und Ekstase leben kannst,
von der Göttin sinnlich durchdrungen
du zur richtigen Zeit am richtigen Ort das Richtige tust.

Es interessiert mich nicht, ob du schön und sportlich bist.
Ich will wissen, ob du Schönheit täglich sehen kannst,
ob du mit meinem oder deinem Scheitern leben kannst
und trotz allem am Rande des Wahnsinns stehen bleibst

und zur silbrig scheinenden Vollmondin rufst:
"Ja!"

Netz Nach Ruf

Am Montag, den ...
Auf dem Wege zur Uni-Klinik ...
Durch die Unachtsamkeit des Wachpersonals ...
Woher sie die Waffe ...
Man brachte ihn ...
Er erlitt schwere innere ...
Ohne das Bewusstsein wieder ...
Familienvater, 39 Jahre alt ...
Hinterlässt zwei kleine Kinder ...
Die sofortige Ringfahndung erbrachte ...
Nur Vermutungen und Annahmen ...
Der Bundesinnenminister ordnete ...
Den bedrängten Generalbundesanwalt ...
Sie hätte nur noch ein Jahr ...
Im Stammheimprozess verlor sie ...
Ihre Anwältin bestritt aber ...
Sie war als Tochter eines ...
Von der Schulbank weg ...
Politisch engagiert und jung durfte ..
In verschiedenen Ländern ...
Befasste sich mit freiwilliger ...
Suchte schon damals den Kontakt ...
Als freie Mitarbeiterin der Zeitschrift ...
Kannten sich noch von ...
Schnell einen Namen gemacht ...
Eine von den ganz wilden ...
Erhielt Ausbildung im Nahen ...
Im bewaffneten Kampf ...
Was immer sie auch ...
War beteiligt an der Ermordung von ...

Die letzten Zweifel konnten nie ganz ...
Sie wurde damals bei einer Schießerei ...
Zusammen mit dem ...
Zweimal lebenslänglich ...
Lernte im Gefängnis ...
Fernstudium ...
Unauffällig und angepasst ...
Bei guter Führung wäre sie ...
Beinahe auf der Flucht erschossen ...
Nun wird nach ihr ...
Im ganzen Bundesgebiet ...
Unterschlupf gefunden bei ...
Wir wissen nichts ...
Von der Sinnlosigkeit ihre Tuns ...
Damals ahnte sie nicht ...
Welche menschlichen Schicksale ...
Von der Zeit überholt ...
In Vergessenheit gerieten …

Fünf Milliarden

Die Hypothekenkrise in den ...
DAX-Konzerne strauchelten trotz ...
Analysten befürchteten ein schwaches ...
Vertrauen wieder herstellen ...
Seit Monaten schlingerte ...
US-Notenbankpräsidentin ...
Angst vor Firmenpleiten bereitete ...
Immobiliengruppe in Konkurs ...
Wie bei Fannie Mae und Freddie Mac ...
Milliardenschwere Rettungsaktion ...
In Luft aufgelöst ...
1600 Milliarden an Wert verloren ...
Trotz der Unruhen in China ...
Milliardenverluste innerhalb weniger Stunden ...
Die Weltwirtschaftslage dramatisch ...
Die Explosion der Reispreise in Indonesien ...
Weitere Zusammenbrüche ...
Nicht nur im Nahen Osten ...
Musste die Nationalgarde in Los Angeles ...
Sechzig Millionen Arbeitslose allein in ...
Als die Volksaufstände in den Mittelmeerländern ...
Der Rücktritt des französischen Präsidenten ...
1000 Prozent Inflation erfasste ...
Bodenlose Talfahrt ...
Wegen der deutschen Notstandsgesetze ...
Blutbad unter der mexikanischen Bevölkerung ...
Auch die EU schloss die Grenzen ...
Erzeugten einen Strudel der Gewalt ...
Verzweifelt versuchten Eltern ihre ...

Durch den Putschversuch im Kreml ...
Im Morgengrauen flogen israelische ...
Atomanlagen in den iranischen Bunkern ...
Wegen dem radioaktiven Niederschlag in Pakistan ...
Als Indien der Krieg erklärt wurde ...
Drei Millionen Tote allein in den ersten drei Tagen ...
Durch die Massenunruhen in Australien ...
Japan hatte wegen der Seeblockade ...
Ein Stundenlohn von acht Millionen Euro ...
Am Existenzminimum ...
Allein vier Millionen kostete ein Liter Milch beim ...
Benzin nur noch gegen Goldmünzen ...
Nach dem Zusammenbruch der öffentlichen ...
Schrumpfte die Erdbevölkerung auf ...
Fünf Milliarden

Paris

magisch leben

Liebe ist nur noch ein Wort, Werbung, Konsum, Berechnung,
       aber es war schön, bedingungslos geliebt zu werden.

Streicheln ist nur noch eine Handbewegung, achtlos, wegwerfend,
       aber es war erotisch, bedingungslos gestreichelt zu werden.

Zauber ist was für Kinder, Einbildung, Beruhigung, Phantasie,
       aber es war magisch, bedingungslos verzaubert zu werden.

Liebkosung ist ekelhaft, voll-gesabbert, nass, schleimig,
       aber es war traumhaft, bedingungslos liebkost zu werden.

Deshalb hol Dir, was sie dir weggenommen haben.
       Deshalb nimm Dir, was sie dir nicht geben wollen.
       Deshalb lebe selbst, damit sie dich nicht gelebt haben.

Lichtung

Mondlicht hinter dunklen Zweigen,
Nebel wabern fern vor mir,
leise tanzen Gräser Reigen,
Mystik, Sehnsucht ist die Gier.

Links ein Trampeln, mein Schritt verstummt.
War´s ein Ast, ein Windhauch gleich?
Oder ein Gnom und ist vermummt?
Schleicht herum im dunklen Reich.

Warum bin ich fort?
Warum an diesem Ort?
Warum nicht im Bett?
Müde, trunken und fett?

Weiter, weiter, nur nicht denken,
fest im Griff hab ich den Dolch,
nicht die Ängste sollen lenken,
in den Forst geht eh kein Strolch.

Der Kiesweg knirscht, ich muss weiter,
bin bald da, kann´s beginnen,
mein Herz pocht noch, muss sein heiter,
bei Vollmond kann´s gelingen.

Warum ich allein?
Warum ohne Freund sein?
Warum ohne Licht?
Gut sehen tue ich nicht!

Pfützen spiegeln Sternenhimmel.
Es riecht nach Moos, Harz, Schimmel.
Hier ist der Fels, dort das Zeichen.
Ein Schritt, der Busch muss weichen.

Jetzt die Lichtung, am Ziel im Wald,
zieht meine Hand Pentakel,
im Bannkreis brennt die Kerze bald,
erlaubt mir das Mirakel.

Hier ist mein Ort, hier empfange ich Licht,
hier seh´ ich die Welt aus anderer Sicht.
Bin nie allein, umgeben von Geistern,
umtanzt von Nymphen, umringt von Meistern.

Hier ess´ ich ihr Brot und trink ihren Wein,
bei Göttin Diana darf ich hier sein.

Vollmondseele

Verschlungen die dämmrigen Pfade, raschelnde Laubschritte,
pocht dein Herz dir ins Gehirn, den sechsten Sinn geschärft.
Suchend nach Poesie und Ekstase in einer gnadenlosen Natur,
zwischen vermodernder Tümpel und klebrigem Acker,
verscheuchend die Salamander, Kröten und Eulen,
umkreisen dich Fledermäuse, ultraschallend nach nächtlicher Beute.

Fern der lauten Zivilisation zieht dich die stille Mondkraft,
den staatstragenden Schutz bewusst zurücklassend,
flüchtend vor dem betreuten Beten und der gelenkten Meditation.
Findest stille Offenheit des Herzens, Vision und Trance
und rauschhafte Begeisterung deines Hirns für das Nicht-Rationale,
leiten dich Reflexe im Gestrüpp zum wahren Kern deiner Existenz.

Beobachtest dein Selbst, kämpfst an gegen deine Erziehung,
musst überwinden die anerzogenen psychischen Hürden,
hast Angst vor eigenem Wahnsinn, vor lebensgefährlichem Tod,
an einsamer Stelle, in der Wildnis unauffindbar, auf ewig verloren.
Aber akzeptierst du dich selbst, liebst du dich selbst, trotz Schatten,
dann kannst dich auch selbst behüten im fast schwarzen Nichts.

Jetzt erkennst den eigentlichen Wahnsinn deines bisherigen Lebens,
die überflüssige Angst vor vermeintlichem Leid und Sterben.
Verdrängst die sinnlose Hast nach Geld, Anerkennung und Glück,
entfallen die flüchtigen Werte von Schein, Lug, Heuchelei,
verlierst den Glauben an die staatstragenden Schamanismen,
findest dafür mystisches Wissen und deine Liebe zur Göttin Erde.

Dankst der Göttin mit Wein für das Leben in friedlicher Umgebung
ohne Folter, Terrorbomben oder Erschießungskommandos.

Dankst der Göttin mit Brot für den täglichen Überfluss
ohne Naturkatastrophen, Seuchen oder Krieg.

Dankst der Göttin mit einer Kerze für Freiheit und Toleranz
ohne Scheiterhaufen, Steinigungen oder Enthauptungen.

Über tredition

Der tredition Verlag wurde 2006 in Hamburg gegründet. Seitdem hat tredition Hunderte von Büchern veröffentlicht. Autoren können in wenigen leichten Schritten print-Books, e-Books und audio-Books publizieren. Der Verlag hat das Ziel, die beste und fairste Veröffentlichungsmöglichkeit für Autoren zu bieten.

tredition wurde mit der Erkenntnis gegründet, dass nur etwa jedes 200. bei Verlagen eingereichte Manuskript veröffentlicht wird. Dabei hat jedes Buch seinen Markt, also seine Leser. tredition sorgt dafür, dass für jedes Buch die Leserschaft auch erreicht wird.

Autoren können das einzigartige Literatur-Netzwerk von tredition nutzen. Hier bieten zahlreiche Literatur-Partner (das sind Lektoren, Übersetzer, Hörbuchsprecher und Illustratoren) ihre Dienstleistung an, um Manuskripte zu verbessern oder die Vielfalt zu erhöhen. Autoren vereinbaren unabhängig von tredition mit Literatur-Partnern die Konditionen ih-

rer Zusammenarbeit und können gemeinsam am Erfolg des Buches partizipieren.

Das gesamte Verlagsprogramm von tredition ist bei allen stationären Buchhandlungen und Online-Buchhändlern wie z. B. Amazon erhältlich. e-Books stehen bei den führenden Online-Portalen (z. B. iBook-Store von Apple) zum Verkauf.

Seit 2009 bietet tredition sein Verlagskonzept auch als sogenanntes "White-Label" an. Das bedeutet, dass andere Personen oder Institutionen risikofrei und unkompliziert selbst zum Herausgeber von Büchern und Buchreihen unter eigener Marke werden können.

Mittlerweile zählen zahlreiche renommierte Unternehmen, Zeitschriften-, Zeitungs- und Buchverlage, Universitäten, Forschungseinrichtungen, Unternehmensberatungen zu den Kunden von tredition. Unter www.tredition-corporate.de bietet tredition vielfältige weitere Verlagsleistungen speziell für Geschäftskunden an.

tredition wurde mit mehreren Innovationspreisen ausgezeichnet, u. a. Webfuture Award und Innovationspreis der Buch-Digitale.

tredition ist Mitglied im Börsenverein des Deutschen Buchhandels.

Zeitfracht Medien GmbH
Ferdinand-Jühlke-Straße 7
99095 Erfurt, Deutschland
produktsicherheit@kolibri360.de